LaFond
Monroe,
ON THE BOOK ''WHAT'S

Texto de TRACI N. TODD

Ilustrações de CHRISTIAN ROBINSON

Nina

Uma história de Nina Simone

Tradução de NINA RIZZI

pequena zahar

Publicado mediante acordo com G. P. Putnam's Sons, um selo da Penguin Young Readers Group, uma divisão da Penguin Random House LLC.

Grafia atualizada segundo o Acordo Ortográfico da Língua Portuguesa de 1990, que entrou em vigor no Brasil em 2009.

Título original
NINA: A STORY OF NINA SIMONE

Preparação
GABRIELA TONELLI

Revisão
BONIE SANTOS
ANA LUIZA COUTO

Composição
YUMI SANESHIGUE

Dados Internacionais de Catalogação na Publicação (CIP)
(Câmara Brasileira do Livro, SP, Brasil)

Todd, Traci N.
Nina : uma história de Nina Simone / texto de Traci N. Todd ; ilustrações de Christian Robinson ; tradução de Nina Rizzi. — Rio de Janeiro : Editora Pequena Zahar, 2022.

Título original: Nina: A Story of Nina Simone.

ISBN 978-65-88899-33-5

1. Literatura infantojuvenil 2. Música — Literatura infantojuvenil 3. Pianistas — Estados Unidos — Biografia — Literatura infantojuvenil 4. Simone, Nina, 1933-2003 I. Robinson, Christian. II. Título.

22-102888 CDD-028.5

Índices para catálogo sistemático:

1. Pianistas : Biografia : Literatura infantil 028.5
2. Pianistas : Biografia : Literatura infantojuvenil 028.5

Maria Alice Ferreira — Bibliotecária — CRB-8/7964

4ª reimpressão

EDITORA PEQUENA ZAHAR
Praça Floriano, 19, sala 3001 — Cinelândia
20031-050 — Rio de Janeiro — RJ — Brasil
☎ (21) 3993-7510
www.companhiadasletras.com.br/pequenazahar
/pequenazahar
@pequenazahar
/CanalLetrinhaZ

FSC
www.fsc.org
MISTO
Papel | Apoiando o manejo florestal responsável
FSC® C005648

A marca FSC® é a garantia de que a madeira utilizada na fabricação do papel deste livro provém de florestas que foram gerenciadas de maneira ambientalmente correta, socialmente justa e economicamente viável, além de outras fontes de origem controlada.

Esta obra foi composta em Fritz e impressa em ofsete pela Gráfica Santa Marta sobre papel Alta Alvura da Suzano S.A. para a Editora Schwarcz em março de 2026

Para os meus pais

T. N. T.

Para Nina

C. R.

Eunice Kathleen Waymon chegou a este mundo em 21 de fevereiro de 1933, na pequena cidade de Tryon, na Carolina do Norte, nos Estados Unidos.

Ela não foi a primeira criança da família Waymon, nem a última, mas foi a única que cantou antes mesmo de começar a falar e dançou antes de aprender a andar. A única com música dentro de si.

Também havia música do lado de fora. Mamãe estava sempre cantando canções da igreja enquanto assava biscoitos e preparava o feijão. E papai tocava o pequeno piano vertical.

Às vezes, quando mamãe estava fora, papai se sentava com Eunice no colo e colocava os dedos dela em cima dos seus enquanto tocava seu jazz favorito. Eunice aprendia tão rápido que não demorou muito até começar a tocar sozinha enquanto o papai ouvia e curtia da varanda.

De repente, papai assobiava — *Rápido! Mamãe está chegando!* — e Eunice tocava o hino favorito de mamãe sem errar nenhuma nota.

Mamãe era ministra na igreja e achava que jazz era profano. Ela pregava aos domingos o dia todo, e às vezes às quartas-feiras, em igrejas de verdade e em casebres improvisados em regiões afastadas. Quando Eunice tinha três anos, mamãe a levou com ela para tocar a música do Senhor.

Ela tocava suavemente no início, deixando mamãe acolher seu rebanho. Conforme o poder de mamãe crescia, Eunice acompanhava seu ritmo, tornando-o cada vez mais e mais intenso, até que finalmente toda a congregação estava de pé, encantada pela mensagem e pela música.

Quando não estava pregando, mamãe trabalhava como empregada na casa da sra. Miller. Mamãe não amava o trabalho, mas tinha muitas bocas para alimentar e poucas opções. Para passar o tempo, ela gostava de contar à sra. Miller como Eunice era talentosa.

Quando a sra. Miller finalmente ouviu Eunice tocar, ela soube que a garota tinha um dom. Então apresentou Eunice a sua amiga, uma professora de piano chamada Muriel Mazzanovich.

No sábado seguinte, Eunice caminhou cinco quilômetros até a casa da srta. Mazzy. Ficava no meio de um bosque e parecia fazer parte de um outro mundo. Havia balinhas de limão, claraboia no teto e um piano de cauda brilhante.

A srta. Mazzy ensinou Eunice a posicionar os dedos, endireitar as costas e tocar *concertos* e *fugas*. "Música clássica", como a srta. Mazzy chamava, escrita muito tempo atrás, para reis e rainhas. A música de Johann Sebastian Bach era a favorita de Eunice. Ela gostava de como começava suave e ganhava a força de um trovão aos poucos, como a pregação de mamãe.

APENAS BRANCOS

Depois das aulas, Eunice ia até a casa da sra. Miller. Enquanto esperava mamãe terminar a limpeza, Eunice brincava com David, filho da sra. Miller. Às vezes, quando a sra. Miller levava mamãe de carro para casa ao final do dia, David ia junto para que pudesse brincar um pouco mais com Eunice.

Um dia, David não apareceu para brincar.

E na vez seguinte que Eunice visitou a casa, a sra. Miller deixou o filho longe. Ela havia decidido que não seria bom para David brincar com uma garotinha negra.

Nada podia ser feito.

Para ajudar a pagar as aulas de piano de Eunice, a srta. Mazzy e a sra. Miller começaram a divulgar seu talento. Elas arrecadaram dinheiro na igreja e escreveram sobre Eunice no jornal. Logo, as pessoas passaram a reconhecer Eunice na rua.

Quando as pessoas negras a viam, sorriam com orgulho. Ela se sentia acolhida e com o coração quentinho.

Quando as pessoas brancas viam Eunice, apontavam e diziam: “Essa é a garotinha preta da srta. Mazzy!”, e ela não se sentia nem um pouco bem.

As únicas outras vezes que as pessoas brancas pareciam notá-la era quando não a queriam por perto.

Isso era outra coisa que Eunice não entendia. Outra dor que ela escondeu bem lá no fundo.

Em um domingo de primavera, para agradecer a todas as pessoas que a apoiaram, Eunice fez um concerto na Biblioteca Tryon. Papai e mamãe se sentaram na primeira fila para que pudessem ver suas mãos enquanto ela tocava.

Eunice estava pronta para começar quando um homem obrigou seus pais a se levantarem, conduzindo-os para um assento mais afastado, para que um casal branco pudesse se sentar.

Eunice esperou. *Papai e mamãe vão voltar?*

O público ficou inquieto.

Eunice permaneceu imóvel.

Uma onda de raiva rolou em sua direção, mas ela mal a sentiu.

Por fim, o casal branco se levantou e papai e mamãe voltaram para seus assentos na primeira fila. Algumas pessoas brancas riram enquanto a raiva delas diminuía. Mas quando Eunice olhou para as cabeças baixas de seus pais, sua raiva estava apenas começando a crescer.

Quando terminou o ensino médio, Eunice deixou a srta. Mazzy e a Carolina do Norte para estudar piano clássico no Conservatório Juilliard, na cidade de Nova York. Ela morava na rua 145, no bairro Harlem. Lá tudo era muito rápido, barulhento e com muita comida cheirosa. As pessoas eram tão elegantes e finas que Eunice usava seu melhor vestido todos os dias para se integrar ao lugar.

Eunice tinha um plano. Se ela desse o seu melhor em Juilliard, em um ano seria boa o bastante para uma conquista ainda maior: o famoso Instituto de Música Curtis, na Filadélfia. Eunice estava tão certa de que seu plano funcionaria que sua família inteira se mudou para a Filadélfia antes mesmo de ela fazer a audição.

No dia da audição, Eunice tocou todas as peças sem partitura. Ela foi perfeita.

Mas não o bastante. O Instituto Curtis a rejeitou.

Dias depois, Eunice ouviu de seu irmão, que ouviu de seu tio, que ouviu de amigos da Filadélfia que o Instituto Curtis havia rejeitado Eunice porque ela era negra.

Eunice não sabia se o boato era verdade, mas *parecia* verdade. Aquelas velhas conhecidas raiva e mágoa retornaram rapidamente. E pela primeira vez Eunice se perguntou se ser negra significava o fim de todos os seus sonhos.

Eunice desistiu da música. Foi trabalhar em um estúdio fotográfico e não tocou mais uma nota sequer. Mas a música dentro dela não podia ser ignorada.

Tornou-se professora de piano e seus alunos lhe contaram sobre os bares de Nova Jersey que contratavam pianistas no verão. Ela decidiu ver com seus próprios olhos e acabou indo parar em um bar desleixado em Atlantic City. O piano ficava largado em um canto, sob um guarda-chuva que o protegia de uma goteira. Eunice aceitou o trabalho.

Na primeira noite, Eunice usou um vestido delicado e fez sua entrada como uma rainha. Ela começou a apresentação com uma peça de Bach, mas aquele não era um público muito fã de Bach. Então Eunice tocou as canções populares da época, dando um toque de Bach onde conseguia. Quando ficou mais confiante, misturou um pouco de jazz dos bons tempos de papai e, de vez em quando, fazia as canções da igreja soarem em pleno bar.

E então ela cantou. Com uma voz intensa e doce, como um trovão gentil e suave.

Eunice tocou até o sol raiar. Quando estava com sede, ela pedia um pouco de leite. Se o público ficava muito barulhento, Eunice parava de tocar, tomava um gole de leite e esperava o silêncio. Ela podia esperar a noite toda se precisasse. O leite era de graça.

A cada noite havia mais pessoas no bar do que na noite anterior. Elas queriam mais! Porém, aquela era uma música profana em um lugar profano, e Eunice sabia que mamãe não aprovaria. Para manter seu segredo, ela mudou seu nome para Nina Simone.

NINA

No ano seguinte, Nina tocou em bares por toda Atlantic City e a Filadélfia. Ela acrescentou uma nova música: um sucesso de Billie Holiday sobre um homem chamado Porgy e uma mulher chamada Bess. Billie cantava triste e melancólica, mas Nina deixou a canção sombria e profunda. Ela a gravou em um disco e as pessoas adoraram!

A srta. Simone havia chegado!

Mas enquanto Nina cantava sobre amor, outra coisa agitava as ruas da Filadélfia. Um estrondo grave de raiva e medo: o som de pessoas negras crescendo, se erguendo, enquanto elas se recusavam a aceitar ser tratadas de maneira desumana. Era parte de um refrão maior que podia ser ouvido em Nova York, Chicago e em todo o Sul do país.

Nina ouviu. Sob aplausos e elogios crescentes, Nina ouviu o rugido constante de inquietação. Suas amigas e seus amigos — grandes escritores e pensadores — queriam que ela somasse sua voz ao rugido. Ela era famosa agora, e as pessoas iriam ouvir!

Mas a fama ainda era algo novo para Nina. Ela trabalhou muito duro para manter aquele holofote aceso, embora se sentisse exausta. Como ela poderia se juntar a um movimento quando mal conseguia se mexer?

Em 1963, o trabalho árduo de Nina finalmente valeu a pena. Ela era a atração principal do Carnegie Hall, um espetacular teatro nova-iorquino onde todo músico sonha em tocar. A srta. Mazzy veio ver o nome de Nina brilhando no letreiro. Papai também veio. Até mamãe estava lá, sentada perto o bastante para ver as mãos de Nina.

Nina tocou dezoito canções. Ao som da última nota, o público a aplaudiu de pé, festejando e clamando por mais. Era um sonho se tornando realidade.

Mas...

A centenas de quilômetros de distância, o dr. Martin Luther King Jr. estava em uma prisão em Birmingham. Ele havia marchado pelas ruas da cidade do Alabama exigindo respeito e dignidade. Em vez disso, ele e seus seguidores foram escorraçados com jatos d'água, agredidos e presos.

E aquele rugido constante e crescente se ampliou... mais alto, mais rápido, até que finalmente se tornou a batida angustiada de um único tambor.

Um rufo soou em 12 de junho de 1963, quando Medgar Evers, que exigia justiça para as pessoas negras, foi morto por um homem branco na cidade de Jackson, no Mississippi. Quando o assassino de Medgar foi a julgamento, o governador do Mississippi o cumprimentou com um aperto de mão.

O tambor rufou novamente em 15 de setembro, quando uma igreja negra foi bombardeada em Birmingham e Addie Mae Collins, Cynthia Wesley, Carole Robertson e Carol Denise McNair foram mortas. A filha de Nina tinha acabado de completar um ano.

A batida do tambor era implacável, exigente. Seu ritmo constante desenterrou a dor que Nina havia escondido bem fundo por tanto tempo e a libertou.

Nina colocou para fora tudo o que sentia em uma violenta tempestade de música. Ela chamou pelos nomes Alabama e Mississippi. Suas letras eram tão enfurecidas e verdadeiras que não podiam ser proferidas de maneira contida.

Nina estava farta de ser comportada. Pelo que podia observar, as boas maneiras não tinham trazido nada para o seu povo.

A voz de Nina estourou com o peso dessa nova música. Era mais forte, áspera, desafiadora.

As pessoas negras a amavam por isso. Sempre a amaram. Mas agora, quando iam a lanchonetes e exigiam ser servidas, quando andavam de ônibus e exigiam poder se sentar, e quando marchavam para exigir bons empregos com salários justos... sabiam o quanto Nina realmente as amava.

I AM
A MAN
I AM
A MAN
I AM
A MAN
I AM
A MAN
I AM
A MAN
I AM
A MAN
I AM
A MAN

A reação branca, no entanto, foi rápida e violenta.

Pessoas quebraram seus discos e ameaçaram sua vida.

Então Nina cantou mais alto, com a voz tão firme quanto a batida daquele tambor implacável.

E quando aquela batida de tambor rufou em 4 de abril de 1968, na cidade de Memphis, no Tennessee, levando embora a vida de Martin Luther King Jr., as pessoas negras procuraram Nina para aliviar sua dor.

"O que vai acontecer", ela cantou, "agora que o Rei do Amor está morto?"

Nina Simone cantou a história da América Negra para que todos pudessem ouvi-la. Sua voz ressoou com o amor, a alegria e o poder disso tudo.

E quando ela cantou sobre crianças negras — seus lindos e preciosos sonhos —, sua voz ecoou como uma esperança.

Sobre
Nina Simone

Eunice Kathleen Waymon nasceu em 1933 na pequena cidade de Tryon, na Carolina do Norte, nos Estados Unidos. Seu pai, John Divine, era músico e artista antes de conhecer a mãe de Eunice, Mary Kate. Quando nasceu, Eunice já tinha cinco irmãos, e mais dois vieram depois dela.

Todas as crianças da família Waymon aprenderam a tocar piano, mas nenhuma se envolveu como ela. Seu pai a ensinou a tocar jazz, mas sua mãe, uma ministra da igreja batista, achava que a única música que valia a pena conhecer era a relacionada à igreja.

Um dia, quando Eunice ainda usava fraldas, ela se deitou em um jornal onde havia notas musicais escritas. Segundo a mãe, Eunice cantava as notas como se pudesse lê-las. Sua mãe estava convencida de que Eunice tinha música dentro de si.

Reconhecendo que Eunice poderia se tornar uma notável pianista de concerto com o treinamento adequado, a mãe dela — com a ajuda de sua patroa, a sra. Miller, e da srta. Mazzanovich, uma professora de piano — planejou cuidadosamente a educação musical da filha. Eunice estudou com a srta. Mazzanovich e se apaixonou pela música de Johann Sebastian Bach. "Bach me fez dedicar minha vida à música", ela escreveu mais tarde. Ela achava a música dele perfeita.

Eunice estudou no Conservatório Juilliard, em Nova York, e depois se inscreveu para o Instituto Curtis, na Filadélfia, onde esperava continuar sua formação clássica. Quando não foi aceita, Eunice acreditou que era por ser negra e mulher. Embora as autoridades do Curtis tenham dito que sua audição não havia sido tão perfeita quanto ela imaginava, o Instituto Curtis deu a Nina um diploma honorário um ano antes de sua morte.

Eunice ficou na Filadélfia, fez aulas particulares de piano e deu aulas para alguns alunos. Ela também se sustentava tocando em bares e casas noturnas nas proximidades de Atlantic City, Nova Jersey. A mãe de Eunice havia se mudado para a Filadélfia para ficar mais perto dela e, sabendo que ela não aprovaria seu novo estilo musical, Eunice adotou um nome artístico — Nina Simone — para manter suas apresentações em segredo. Não demorou muito para contar a verdade à mãe. Ela não ficou satisfeita com o novo trabalho de Nina, mas era o que trazia o tão necessário dinheiro.

Nina não se considerava uma cantora, mas quando o dono de um bar lhe disse que seria demitida se não cantasse, Nina encontrou sua voz. Ela também encontrou um estilo único: mesclou a música clássica e a música gospel aos sucessos populares da época, depois sobrepôs sua voz crua e às vezes melancólica. Nina fez tanto sucesso que voltou a Nova York, onde passou a tocar em pequenos bares e casas de shows e gravou discos que se tornaram grandes sucessos.

Enquanto Nina se tornava uma estrela, as pessoas negras passaram a pressionar pelo fim das leis e das regras que as excluíam e prejudicavam. No Sul dos Estados Unidos, essas leis eram chamadas de Jim Crow. As leis de Jim Crow faziam com que as pessoas negras tivessem menos oportunidades por causa da cor de sua pele. Essas leis não tinham o mesmo nome no Norte, mas também existiam nessa parte do país. Na verdade, em 1966, quando o dr. Martin Luther King Jr. marchou para exigir moradias igualitárias em Chicago, ele disse: "Já participei de muitas manifestações por todo o Sul, mas posso dizer que nunca vi, nem no Mississippi ou no Alabama, multidões tão hostis e cheias de ódio como estou vendo em Chicago". As pessoas negras colocaram suas vidas em perigo para mudar essas leis, e muitas morreram por isso. Essa luta pela mudança nos Estados Unidos é conhecida como Movimento dos Direitos Civis.

Conforme a fama de Nina crescia, ela se tornava amiga de escritores, artistas e musicistas negros importantes. Muitos deles, como o escritor James Baldwin, o poeta Langston Hughes e a dramaturga Lorraine Hansberry, eram ativistas dos direitos civis. Eles encorajavam Nina a se juntar à causa, mas ela estava focada em sua carreira. Seus fãs esperavam que ela tocasse canções de amor, não canções de protesto. Mas quando Medgar Evers, um líder dos direitos civis no Mississippi, foi morto, e a igreja batista da rua 16 foi bombardeada no Alabama, o que resultou na morte de quatro garotas, Nina não pôde mais ficar em silêncio sobre o que estava acontecendo com as pessoas negras nos Estados Unidos.

Pelo resto de sua vida, Nina lutou pela liberdade por meio de sua música. Ela protestou contra as condições em que as pessoas negras viviam e exigiu mudanças por meio de suas canções. Ela também comemorou sua negritude. Sua música "Young, Gifted and Black" [Jovem, Talentosa e Negra], inspirada em Lorraine Hansberry, tornou-se um hino dos direitos civis.

Nina amava o Brasil e esteve no país três vezes: em 1988, no Free Jazz Festival; em 1997, para uma série de shows em São Paulo, ocasião em que começou a trocar correspondências com Maria Bethânia — e então, à distância, gravaram a canção "Pronta Pra Cantar (Ready to Sing)" —; e a última em 2000, para outra turnê em São Paulo e no Rio de Janeiro. Nessa última passagem, Nina contou que sua relação de amor com o Brasil estava vinculada à sua herança africana.

No final, as leis nos Estados Unidos mudaram, os protestos cessaram por um tempo e as pessoas não estavam mais tão interessadas em música de protesto. Mas Nina sabia que a mudança não era real e duradoura. Ela deixou os Estados Unidos para morar na França, onde morreu em 2003.

A música de Nina nunca desapareceu. Em 2020, quando George Floyd, Breonna Taylor, Ahmaud Arbery e outras pessoas foram assassinadas nos Estados Unidos, uma multidão tomou as ruas em protesto em todo o mundo. E muitas pessoas se voltaram para a música de Nina em busca de conforto e força.

Meu pai, um legítimo líder dos direitos civis, foi quem me apresentou à música de Nina Simone. Ele a ouviu pela primeira vez em um posto de gasolina no Alabama. A canção era "I Loves You, Porgy" [Eu te amo, Porgy], do musical *Porgy and Bess* [Porgy e Bess], de George e Ira Gershwin. Quando meu pai perguntou ao frentista quem estava cantando, o homem respondeu: "Não sei se é Naina Simon ou Nina Simone, mas ela com certeza sabe cantar".

Eu já ouvi essa história tantas vezes que parece que faz parte de quem eu sou. O mesmo acontece com a música de Nina Simone.

Traci N. Todd

BIBLIOGRAFIA

LIVROS

COHODAS, Nadine. *Princess Noire: The Tumultuous Reign of Nina Simone*. Chapel Hill, NC: University of North Carolina Press, 2012.

LIGHT, Alan. *What Happened, Miss Simone?* Nova York: Penguin Random House, 2016.

SIMONE, Nina; CLEARY, Stephen. *I Put a Spell on You: The Autobiography of Nina Simone*. Nova York: Da Capo Press, 1991.

FILMES

NINA SIMONE: La Légende. Direção: Frank Lords. Produção: Guillaume Gronier e Daniel Renouf. Reino Unido: BBC, 1992.

WHAT HAPPENED, Miss Simone? Direção: Liz Garbus. Produção: Sidney Beaumont, Adrienne Collatos, Adam Del Deo, Liz Garbus, Amy Hobby, Jayson Jackson, Jon Kamen, Lisa Simone Kelly, Joseph Malloch, Lisa Nishimura, Mary Recine, Justin Wilkes. Estados Unidos: Netflix, 2015.

VÍDEO

SIMONE, Nina. "Nina Simone: Take Me to the Water". Filmado em junho de 1969. Vídeo do YouTube, 7:34. Publicado em fevereiro de 2013. Disponível em: <https://www.youtube.com/watch?v=N1xWFo8xEu8>. Acesso em: 9 dez. 2021.

Jacob Chabot

SOBRE A AUTORA

Quando TRACI N. TODD nasceu, em Chicago, seus pais decidiram que suas iniciais deveriam significar dinamite (TNT, em inglês), assim como as de seu pai. Ele a criou ouvindo Ray Charles e Nina Simone, e sua mãe lia bons livros para ela. Atualmente, Traci é editora de livros infantis e autora. Ela vive em Queens, Nova York.

John Kwiatkowski

SOBRE O ILUSTRADOR

CHRISTIAN ROBINSON é ilustrador, autor, animador e designer. Nasceu em Los Angeles e cresceu em um pequeno apartamento de um quarto com seu irmão, dois primos, tia e avó. Desenhar tornou-se uma forma de abrir espaço para si mesmo e criar o tipo de mundo que ele queria ver. Estudou animação e trabalhou em estúdios conceituados antes de se tornar um ilustrador de livros para crianças. Vive em Oakland, Califórnia.

Editor